바람이 전하는 말

시산맥 서정시선 076

바람이 전하는 말
시산맥 서정시선 076

초판 1쇄 발행 | 2021년 5월 7일

지 은 이 | 손정애
펴 낸 이 | 문정영
펴 낸 곳 | 시산맥사
편집주간 | 김필영
편집위원 | 강수 오현정 정선
등록번호 | 제300-2013-12호
등록일자 | 2009년 4월 15일
주　　소 | 03131 서울특별시 종로구 율곡로 6길 36,
　　　　　월드오피스텔 1102호
전　　화 | 02-764-8722, 010-8894-8722
전자우편 | poemmtss@hanmail.net
시산맥카페 | http://cafe.daum.net/poemmtss

ISBN 979-11-6243-191-7　03810

값 9,000원

* 이 책은 전부 또는 일부 내용을 재사용하려면 반드시 저작권자와
  시산맥사의 동의를 받아야 합니다.
* 이 도서의 국립중앙도서관 출판도서목록은 서지정보유통지원시스템 홈페이지(http://seoji.nl.go.kr)와 국가자료종합목록 구축시스템(http://kolis-net.nl.go.kr)에서 이용하실 수 있습니다.
* 이 시집은 교보문고와 연계하여 전자책으로도 발간됩니다.

바람이 전하는 말

손정애 시집

* 본문 페이지에서 한 연이 첫 번째 행에서 시작될 때에는 〈 표기를 합니다.

■ 시인의 말

지나가는 소리에 연연하지 않으며

가끔 버려지는 소리도 모은다

꺾이지 않는 가지에 봄이 오듯이

어제와 또 다른 오늘을 예찬하며 으뜸의 시간을 즐긴다

길고 긴 외로움은 자신을 사랑하게 하고

심해 속 고요를 전해주며

농하게 익어가는 그리움에

어깨가 따뜻해지는 밤

속삭인다

2021년 5월의 어느 날

■ 차례

1부

바람이 전하는 말 – 19
봄, 당신 – 20
항구의 봄 – 21
바람의 자리 – 22
목련 그 아래 – 23
5월의 무궁화 – 24
그리움의 시작 – 26
감자밭 그곳엔 – 27
담쟁이 – 28
천년의 터 – 29
그 사랑 구절초 – 30
다림질의 정석 – 32
그 호숫가 – 34

2부

그 숲에 가면 – 37

능소화 – 38

어떤 기다림 – 39

그 길 – 40

상념 – 41

어떤 이별 – 42

침묵 – 43

몸살앓이 – 44

독백 – 45

동강 할미꽃 – 46

우포 늪 그 아래 – 47

도마령 연가^{戀歌} – 48

바다의 상시^{常時} – 49

바람의 초야^{草野}, 이달 – 50

3부

회심回心 — 53

동빈항 — 54

구중심처九重沈處 — 55

마중물 당신 — 56

유속流涑 — 57

그리움도 죄인가 — 58

나팔꽃 당신 — 59

메밀 연서 — 60

인고의 바다 — 61

속병 — 62

봉선화 할머니 — 63

폐지와 할머니 — 64

수국, 그리고 당신 — 65

쉰 하고도 다섯 — 66

4부

기도 – 69

소^{沼} – 70

설경 – 71

설화^{雪華} – 72

동토의 기억 – 73

우리도 사랑은 했을까 – 74

눈물의 연서 – 76

물의 기억 – 77

비녀머리 소녀 – 78

임진강 도하^{渡河} – 80

쉼표 없는 마침표는 있더라 – 82

회자의 시간 – 84

촛불 – 86

■ 해설 | 문정영(시인, 시산맥 발행인) – 89

1부

바람이 전하는 말

심통 난 바람이 흔들려고 할 때마다
귀 기울였던 내 행복은
그저 꿈으로만 접할 것인지
마음속의 마성이 지배하고 흡수하려고 할 때마다
지키려는 몸부림은 곱절로 애절함을 뛰어 넘는다
인내한 기도에 용기의 갑옷으로 무장하고 앉으면
마법 같은 이슬이 재우고 또 재운다
다른 세상을 꿈꾸며
내일을 도모해 보지만 이내 상념에 빠진다
내 작은 영혼은
일탈과 자유의 갈망이 더해진다
담쟁이 혈관 같은 뿌리의 생존과
검푸른 잎사귀의 사투 또한 내 것이 아닌 것을
뜨거움이 발하는 시간
실핏줄 같은 뿌리로 담장을 지붕 삼아
사투하는 담쟁이들의 혈기를
연약하다고 모른 척하지 않는다
입속 말라가던 그리움의 조각이
바람에 실려 갈 때면
그때 그 바람이 전해 주겠지

봄, 당신

열어젖힌 창문으로 들지 않는 바람이
창살 아래 숨죽인 채 기다린다
창백해진 기억으로 당신 없는 자리에
봄의 기운을 피워 올린다
물 머금은 봄 햇살의 유혹에
축축해진 숨소리
촌각을 다투던 틈새에서
오차 없는 그리움으로
그 자리에 다잡아 앉는다
놓아 버렸던 생각을 다잡아 보지만
권태로움 앞에 이내 포기한다
초점 없는 하루의 시간이,
손끝으로 전해지는
봄의 침묵이
그렇게 나를 붙잡는다
따스함이 묻어오는 날
당신의 숨결을 기억해 본다

항구의 봄

항구에 불빛이 밝아오자
작은 몽우리의 꽃은 고개 숙일 힘조차 잃는다

무언 속으로 흐르는 물빛은 층층이 격을 쌓더니 그리움 속
아지랑이로 저려온다
검게 퇴색된 마음은 분명 내 것이 아닐 터
버거운 시간은 또 이렇게 흐른다

검은 혈관을 흐르던 꽃물은
항구의 흔적을 발견하곤 이내 자지러진다

나부끼던 사랑의 끝자락을 잡고
귀퉁이를 부비며 지나가는 무심함처럼 등을 뒤집은 잎은 부르튼 힘으로 메마른 기억을 토해낸다

구석진 자리에 뭉친 응어리는
서리 품은 목단 꽃 위에 흘러내리고
그리운 이의 숨소리가
5월의 잎을 흔들고 지나간다

바람의 자리

부드러운 햇살로
당신의 마음을 장악하고
고리를 엮고 싶었다
뒤틀린 심장은
거부당한 시간을 억누르고
편집된 나를
죽이고 또 죽였다
바람이고 싶었다
그 곳에서 당신을 기다렸다
구름 뒤 빛나는 햇살처럼
순수한 영혼으로
바람처럼 만나고 싶었다

목련 그 아래

한 치의 망설임도 허용치 않은
순백의 울림이 퍼지는 날,
그리운 이의 발자국 소리가 들린다
창공을 휘젓는 목련 날개에
가슴 흥건한 기억이 밀려오면
그 나무 아래
이름 없는 풀꽃이고 싶다
울렁이는 향기에
그리운 이를 그리워하고
겹겹의 꽃잎 사연이 가고 나면
상한선의 그리움도 희미해지겠지
허상이 되어버린 공간 속에
내 그림자는 굽은 등을 젖히고
그리운 이를 그리워하겠지

5월의 무궁화

 말을 잃은 갈래구름이 갈기갈기 찢겨지고 가시 장미의 혈기로
 왕성한 5월은 주인 없는 지상으로 거대한 심장이 내리 꽂혔다

 새빨갛게 덧 씌워진 언어의 입술
 피멍으로 덮여진 가시 넝쿨

 시린 사랑을 묻어야만 하는 잔인한 계절에 다시는 볼 수도 없는
 하늘길이 되어버린 꽃잎들

 세월 뒤에 숨은 흔적에 희망이 묻혀 온다

 무궁화 꽃잎이 날아가는 하늘은 아픈 슬픔을 기억하는지
 거두고 남은 비를 하염없이 지상으로 비우고 또 비운다

〈
　비를 안은 바람이 몸을 비틀며 후려치고
　하늘을 메운 무궁화 꽃잎 가루들은 저리는 빗줄기를 소리 없이 안아주고 그리움에 울먹이지 못할 가슴으로 한없이 빗줄기만
　퍼붓고 또 퍼붓는다

　님이여!
　입을 잃은 5월을 탓하지 마소서

그리움의 시작

땅의 기세를 몰아넣은 붉음이
하늘 아래 울타리를 올렸다

긴 그리움이 영글어진 그곳엔
당신 모습이 보이고
타들어가던 열정이
꽃으로 맺혔다

흘러가는 것이 유독 강물만 할까?

산을 굽어보는 구름도 흐르기는 하였다

그때 꿈틀거리는 대지의 숨통이 열렸다

서로의 눈으로 써보는 것들
당신은 그토록 열망하던 나를 깨웠다
장미의 향기로 가슴을 두드렸다

감자밭 그곳엔

검은 구름이 산허리를 지르는
맑은 어느 오후
하나의 꽃잎만 남기고
감자밭 옆에 자리 잡으신 어머니

굽은 허리 땅에 정박하고
옹골진 무릎으로 호미 들었던
거친 손 내려놓으셨다

머릿수건 사이 한 줌 바람이
유일한 양식이었던 어머니

윤슬로 깨어진 햇살이 감자꽃을 깨웠다

사금파리 빛 잎사귀에 묻어나는 입김과
고무신 발자국이 걷던 밭이랑 사이로
여름 갈 겨울의 그림자 묻혔다

불어오는 바람에 젖비린내가 났다
감자밭 그곳에는 심장이 거꾸로 뛰었다

담쟁이

철저히 마른 벽이 생업의 터전이었다

한발이 버거워도 필사적인 움직임은 버팀목이었다

한 방울의 빗물은 생명수였다

넘을 수 없을 것 같았던 벽을 품어야만 했다

핏빛 동이 트면 몸부림이 시작되었고
말라가던 심장으로
그리움으로
타는 용기로
핏자국을 그리며 올라섰다

바람이 내어준 그 길 따라 올라선 그곳

눈을 멀리하고 바라본 하늘은 청명으로 품어 주었다

천년의 터

바람의 숨비 따라
긴 그림자는 풀섶을 꺾어
일어나지 않은 고요를 움켜쥐고 있다
잔잔함으로 일관된 달빛과
소소한 별빛이
천년 숲 이야기에 어깨를 내어 준다
너른 들을 지나 켜켜이 쌓여
휘감아 오른 자리
모여진 혼이 요동을 치고
돌 틈
돌아온 기억이 현재를 부른다
모시 적삼의 노래가
혼돈의 시간을 재우고 있는
첨성대의 기나긴 여정이
세속의 길에 여물어지고 있다
진한 바람이 후각을 진동한다
헛기침 소리에 옷깃을 여민다

그 사랑, 구절초

햇살의 등고선을 타고 누운 날
기다림의 발자국 소리가 해안을 깨운다

지난 숨결의 흐트러짐을 정결하게 한 후
가슴 가득 품어 안는다

따스하다

당신의 온기로 채워진 그리움은
여러 가닥의 기억을 동여맨다

굳이 찾지 않아도
기억하지 않아도
오늘
추억은 쇠사슬처럼
또 묶여 있다

하얗게 내린 당신의 온기가 대지를 덮는다

〈
스스로 다가온 행복이 눈에 고이고
타는 가을에 온기를 느낀다

다림질의 정석

옹골찬 구덩이에 독을 담은
여럿의 입으로
뜨거운 입김을 모질게도 내 뱉는다

감당치 못할 욕정으로 뒤집히고
감긴 온 구석구석을
칠월의 땡볕처럼 헤집으며 갈고 또 닦는다

스멀거림 뒤에는
감당 못 할 마음을 발산하고
태풍 지난 벌판처럼 반듯하게
참으로 곱게 빛나도록 길을 낸다

탐욕과 욕심
모든 것을 내어주기 위한 것이지만
목마름을 해갈하고 돌아서는 길은
아주 냉철한 차가움으로 돌변했다

돌아가야 할 그 자리임은 틀림없지만 말이다

굽이굽이 낯선 그곳을 반듯하게 펴서
하나둘 이 시간을 담는다

그 호숫가

연둣빛 사랑 물고
다시 이 자리에 섰다
다독이는 물길 소리
검은 하품으로 낙수 지던 날을
먼 발취로 보내고
그 자리,
그 사랑이 그리웠다
아직 누려볼 가치가 있는 이 세상
물빛 강가에
다시 왔노라고
하얀 잎 터트리며
물안개 여물진 자리에서
당신 생각을 한껏
움켜쥐었다

2부

그 숲에 가면

흔들리고 싶지 않은 나무는
뿌리에 힘을 준다
축축한 가슴에 머문
입김 자리가 매섭다
뿌리 깊은 생각은
희미한 삶의 허구에 갈증을 느낀다
새들은 모든 감성을 지우고
풍화된 나를 찾는다
숲이 바람을 입는다
그리움이 있기에
나무는 꽃을 피우고
절정을 부른다
숲이 짙어지면
보고 싶은 이도 짙어 보인다

능소화

실핏줄 뿌리에 차디찬 기운 감돈다
뇌리를 가득 채운 먹구름 같은 기억들 스치는 바람에 위로를 구해 보지만 녹록지가 않다

시퍼런 날에도 굴하지 않았다
5월의 보리매미가 울음 멈추던 날 핏줄이 터지도록 오르고 오른 담장, 가녀린 비에도 천근만근 하강하는 가슴, 훌러덩 떨어진 꽃잎 소리에도 애잔한 마음으로 다음날을 기약해야만 했다

서서히 내려앉는 어둠은 서럽다
검은 세상에 나를 버렸고 목울음 넘기던 그림자 길게 늘이고 손끝으로 전해오는 소리에 귓바퀴가 젖고 양념을 더한 인생의 굴곡진

그 길
끝
기다림에 지친 수레 같은 그림자의
황홀한 질투로 글썽이는 눈동자는
그리움의 담을 넘는다

어떤 기다림

시간에 연연해 쉽게
자맥질을 해댔다

열어 보지도 않았던
태양의 기운이 혼자 울렁거렸다

겨울의 애상들을 털어서
자잘한 독백 곁들인
그대라는 명사 앞에 놓아 버렸다

수채화 같았던 머릿속은
출렁거리는 봄의 졸음에 갇혔다
바람결에 걸어 두었던
그리움의 사연으로 채웠다

누군가를 기다린다는 것은
스멀거리는 자아와 함께
바람 속으로 사라진다는 것이다

그 길

한 번 들렀던 것일까

걸음마다 기억 더미가 열리며
지워버렸던 일에 현기증이 난다

부서지는 그리움에 더해지는 청각들

엊그제처럼 당신에 대한 후각까지 자극된다

한참을 둘러본 주변의 꽃잎들
그 길에서의 기약들

지금은 낯선 안개만 가득하다

상념

  타다가 꺼져버린 심지 속에는
  당신을 향한 그리움이 잔재되어 있고 더 이상 주체할 수 없는 그리움은 연무로 녹아내렸다

  이미 헐어버린 내 그리움은
  떨리는 심장 속에 숨었다

  맞닿은 세상의 발등 위에 걸터앉은 그리움을
  나의 분신으로 여겼다

  모진 삶의 흔적들은 길목 어귀마다 둥지를 틀었고
  바람이 쓸고 간 흔적에는 인생은 허구라고 모질게도 가르쳐 주었다

  하루하루 구곡마다 긁적거리는 그리운 것들
  한스러운 비바람이 부는 날
  지우고 또 지우리라

어떤 이별

빨랫줄처럼 탱탱한 지평선을
외줄 타듯 걷게 한
이별이었던가

간간이 울어주는 뻐꾸기 소리가
나락으로 떨어지는 날이었던가

우물 속 물 한 방울 소리가 그리운 날

가슴 한구석 드러내고
돌아섰던 그 자리에
서러움이 머물더라

해가 내려왔던 그 길이 짧아졌던가

오늘이 가고 내일이 와도
이별 없는 길에서
또 이별하고 있더라

침묵

내 기억 속에 휘 묻힌 사연과 시간들
숨기뿐 날 속에 나를 던졌다
작은 두 눈동자는 외줄을 타고
바람 자국에 놀란 가슴은
핏줄이 터질 듯한 아픔을 느껴야만 했다

타들어 가는 눈물이 어설프게 흐르며
깊은 선잠에서 깨어나지 못하고
방치되었던 말들을 날려보았다

깊은 천명이 드리워진 침묵은
그저 하나의 인고로 일관했어야 했다

붉은 노을이 희미한 기억을
봄의 기운으로 사랑을 하라 한다

내 작은 영혼은
밤을 꼬박 새우고
국적 없는 시간의 경계를 넘어
주접을 떨어보라 한다

몸살 앓이

하루의 경계선에서
달음질하여 내려앉은 안개는
새벽을 밀고 자리 잡았다

아무도 없는 빈자리
무딘 세월은 계곡에 흘려보낸
눈물만큼이나
나를 면박面駁하였다

포근했던 시간은
창백한 얼굴이 되어
눈물바다를 이루었다

나를 두고 사라져버린 계절은
망대처럼 그 자리에 있지만
침묵은 아프게 안아 주었다

독백

바싹 마른 공기는
빛없는 피부를 감싸 안는다

초점 없는 느낌으로 다가온 공허에
희망의 작대기를 쓸어본다

사랑의 갈증은 끝내 눈물을 흘려보내고
당신이 보내준 시선에
휑한 미소를 섞어본다

피지 못했을 연정에 떨구어진 잎사귀
살 내음 풍기는 무명 꽃에
내 슬픈 연가를 불러본다

희락으로 다가온 짧은 숨결
사랑했노라고
기다렸노라고
다독인다
가만히

동강 할미꽃

강원을 몰아 온 사연은
강의 여정으로 풀린다

바위에 내린 이슬은
보랏빛 설렘이 되어
물빛연정을 그린다

강물이 녹아내린 그 길에
유유한 핀 할미꽃의 사연들

곱절의 사랑이
그 바람을 부른다

우포 늪 그 아래

한 무리 새 떼의 움직임에 놀란
구름이 내려앉은 그곳

숨죽인 수면은 자영하는 고니의 자취를
조용히 품는다

겨우내 말랐던 가지는 작은 미동을 느낀다

우수 경칩을 지나온 바람은
미리 익혀두었던 길을 물어 오고
수면 위 무언을 걸어 둔 그리움은
가만히 바람을 묻는다

허공을 가르던 무리가 떠난 자리
깃털의 그리움은 이슬로 남아
봄꿈을 준비하고 있겠지

도마령 연가戀歌

농하게 익은 떡갈나무의 숨소리

굽이 돌아오를 때마다 요동치는
어지러운 기억들

이별의 거친 몸부림도 온기가 되고
속속들이 파고 들어온 계절의 그림자는
현재를 그리고 있다

늦여름의 뜨거움이 도사리던 도마령
그곳에서
다정함을 잃지 않았던 당신을 떠 올린다

은빛으로 빛나던 볕 아래에서 나를 익힌다
그리움의 그림자를 잡으며

바다의 상시 常時

바람의 무게가
목덜미를 잡는다
경계를 넘은 파도는
사연을 무수히 뱉어내고
우윳빛 아우성과
텁텁함을 익힌 바위는
여운의 바람으로 바다를 품는다
파도의 아우라지
흔들린 만큼 배가 되더이다
급함도 부서지고 내가 되는
바람도 쉬이 돌아보는 그곳
지나온 길의 색깔과 겹쳐진 기억들
널브러진 침묵 속
재가 된 마음은
푸른 바다의 고요를 품었다

바람의 초야草野, 이달*

허허로운 바람에
계녀柱女의 위로는 덤이라
가지 끝 이슬의 운명을
누가 판단하리
한계 없는 텅 빈 가슴 그 외로운 길
곡진함에 스며진 바람의 끝자락
애달픈 민초를 읊으며 땅의 심성을 울린다
서얼 족쇄로 묶인 질곡의 삶은
바람의 자리에서 호탕 했던가
버린 세속에 시로 무장한 영혼은
애잔한 달무리로 위안 비춘다

*이달 : 조선 중기의 시인이며 팔문장계로 불렸다

3부

회심 回心

한 땀 한 땀
얽혀진 사랑의 인내는
힘없는 빛처럼
지워지더라

진한 그리움에 얹어진 것이
태풍에 휘 몰리듯
그렇게
흐려지고
하얀 우윳빛 하늘에서
고단한 시간은 뒷걸음을 치더라

초라하게 떨리다가
구멍 난 심장의 요동처럼
사랑은 그리움과 손을 잡고 있음이다
날개에 실으리라
그렇게 뿌리리라
모두
모두를 그리워하리라

동빈항

바다 냄새를 간직한 바람이
몸을 숨긴 채 울음을 터트렸다

뜨거운 용광로의 불빛을 품은
사람들의 발소리가 바삐 움직였다
푸석푸석한 공기는 머리카락을 휘어 감고
바다의 노래로 나를 깨웠다

비릿한 엄마 냄새가 내 심장을 울리는 동빈항
버려진 그물만큼 곱해졌을
곰 삯은 인생의 지게

바다에 꽂고 뒤척였을 어둠을 열고
그렇게 고독한 새벽은
항구의 문을 열었다

해암 같은 손과 **뼈**의 힘으로
버텨왔을 힘겨운 날들
고개 숙인 어미의 얼굴 위로
눈물비가 내렸다

구중심처 九重沈處

달아오른 햇살에 여로의 꿈을 품은
붉은 가을이 타고 있다

해갈되지 않은 바람이
스치고 간 듯
그리움은 비처럼 날리고
물빛 속삭임이 마음을 밝혀준다

다정함을 잃지 않은 달빛 향으로
눈을 감싸 안아주며
살랑거리는 억새는
토해놓은 운무의 울음에
묻혀 버린다

뼛속까지 손사래 치던 가을은
막다른 길에서
침묵으로 일관한다

마중물 당신

수면을 치닫던 무언으로
바다의 눈빛이 날을 세웠다
모래 깊이만큼 패인 기억이
파도에 휩쓸렸다

존재 이유가 된 당신

희망으로 일군 기억 속
부여잡은 여운의 깃처럼
마중물로 남아 있는 당신이 있어
슬픈 추억도
아린 기억도
영원하다
그런 오늘이 있기에
당신을 행복으로 읽는다

유속 流涑

뜨거웠던 가슴속 유황 내음이
붉음으로 둔갑하였던가

어둠 바깥 불빛 화려함은
자신의 색을 숨기기 위한
본능적이다

질주하는 불빛의 목적 없는 흐느낌이
분주하게 흐른다
시야에 들어 온 바깥은
붉은 나체를 드러낸다

달빛이 머물렀던 그곳엔
그는 없고
그리움만
빠르게 흐르고 있다

그리움도 죄인가

핏빛 갈대의 몸부림을 바람은 아는지

한 방울 이슬의 버거움으로
땅에 누운 그리움의 번뇌를 읽는다

한줌 바람이 가져다 준 기억은 쇠퇴해 가지만 붉은
입술로 가져다 준 들꽃은 포근함을 선사한다

그리운 마음은 강인해지지만
서로에게 아픔이 되었다

차분해진 공기는 붉은 아침을 그리 보내고
방황하는 지금
뼛속에서 잉태한 통증이 쏟아져 내린다

나팔꽃 당신

가슴 터지게 그립던 사랑 하나를
분홍 꽃잎에 고이 싸서 심장 옆에 묻어 두었죠

은하수가 로망스 선율 위에 내려 낮아질 즈음
가슴 흥건히 적셔오는 그대의 향취는 떨고 있는 내 심장에 따뜻한 눈물을 선사했지요

사용하지 않을 기억과 떠올리기 싫은 추억 꾸러미
슬픔을 잊은 포기 속에 그래도 그리움의 씨앗을
따뜻한 가슴에 심어보았어요

몸부림이 끝나고 기억이 쇠퇴하는 날
내 분홍 꽃잎도 사라지고 그 씨앗들
그립던 사랑의 기억으로 남아 있겠지요

떠난 가슴에 아린 그리움을 채운다 해도
메아리 없는 시선과 서늘함이 드리운 아침에 피는 꽃잎들
그래도 당신이 있어 이 버거움 견딜 수 있었다고……

메밀 연서

달콤한 바람이
가져다준 그 길 위에
당신은 조용히 내려앉았다

숨결의 소리
힘주어 지르던 풀벌레 소리

당신이 떠나간 그곳에
햇살이 비비며 자리 잡았다

붉은색 메밀로 쓴 묵처럼
당신에게 보낸 편지
산 그림자 지는 하루를
홀로 읽는다

인고의 바다

묵묵한 관용으로
세속의 찌든 내음을 빚고 또 빚었다

쓴물 다 게워 내고
부표로 살아가는 것처럼
햇살에 해무가 걷히듯
그렇게 바다는 흔들리고 흔들렸다

회오리로 밀려드는 아픈 기억들
거센 그리움에 웃음 물고 목울음 삼켰다

부드러운 머리카락의 움직임도
모래 위의 은밀함도
높은 파도에 어깨를 내어 주었다

포말 사이로 흐르는 바다의 거친 노래
바다는 그렇게 알 수 없는 그리움을
능숙하게 익히게 하였다

힘에 부친 수평선의
물빛 그리움이 서러웠다

속병

헛됨을 용서치 못하는 성숙한 시간

쓸쓸한 세상의 찌꺼기가 무소유의 외침을 뿌리째 흔든다

푸르던 잎을 떨군 채 하늘을 울린 마른 나무들

저리는 계절의 냄새를 아프도록 풍긴다

푸른 날들의 갈망도 녹슨 시간 앞에 고개 숙인다

이를 악물고 삼킨 그리움이 속을 헤집다

봉선화 할머니

울음을 참다못해 터져버린 꽃 봉우리
별에 희망을 걸고 버틴 하루가
무던히도 길었지

가늠할 수 없는 시간을 어찌 이겨내었을까

더 이상 잃을 것이 없는 빈 가슴이 되신 할머니

그리움을 앓고 난 상흔의 흔적과
손톱에 새겨진 限의 시간들

핏줄이 터질 듯한 억울함과 기억하지 말았어야 할 기억들

움푹 팬 두 볼에 힘이 들어가고
봉선화 꽃잎에 고운 빛이 물들어 갈 때
할머니 가슴에도 봄 햇살이 환하게 들겠지

폐지와 할머니

길모퉁이 휘몰아치는 바람 속에서
쪼그리고 앉은 채 꼬깃꼬깃
접는 아픈 시간들

계곡만큼이나 깊이 팬
주름에 바람이 돌고 있었다

세월을 너울 삼아 넘나들었던 인생길

청춘과 맞바꾼 자식 향한 지고지순한 사랑이
그 패인 주름 속에 쓰여 있었다

덜커덩거리는 수레 위로 지난날들이 내려앉았다

길 위에 누운 채
신음을 내는 할머니의 아픈 사랑들

수국, 그리고 당신

거센 바람이 휘돌고 간 뒤 잔잔한 먼지는 숨을 죽인다

다시 핀 꽃잎은 햇살을 반기며

그대 발자국 그리운 나머지 살며시 향기를 뱉는다

반쯤 낡은 당신에 대한 그리움은 먼 산을 향하고 있다

꽃물이 배어든 팽팽하던 날이 노을에 스며든다

기억은 타래를 풀고 바람결에 전해 올 따스한 소식 기다리다

떨구어진 수국 꽃잎 같은 당신의 위로를 얻는다

쉰 하고도 다섯

삐걱거리는 바람이 하얀 꽃잎의 나이를 낚아챈다

향긋한 꽃바람이 많이도 낯익다

가슴을 녹이는 그리움에 눈이 맵고
용광로의 기운으로 들끓던 심장이 부끄러울 적에
섬섬 올라오던 하얀 외로움이 시간을 재촉한다

발뒤꿈치가 시리고 종아리가 아려오는 그리움도
쉬엄쉬엄 시간을 묶어 두고 싶다

매 순간 최선을 다하였으니 행복의 지수도 올라갔을까

늑장 부리다가도 꽃잎 지는 것 보고 번개가 친다
등을 쓰다듬은 소리에 내가 흔들리고
묻혀 온 바람의 무게가 쉰 하고도 다섯이다

4부

기도

여명이 깨우는 시간 농익은 눈물이 줄을 잇는다

십자가 불빛 아래 연약한 가슴과 두 무릎으로 밑바닥을 짚는다

머리로 헤아리지 못한 언어는 입으로 전달되지 못했으며

가슴에 흔적도 남기지 못했다

한 잎 연약한 풀잎처럼 당신 앞에 꿇어 조아린다

응고된 그리움을 풀어 헤치고 해산된 위로를 주워 올린다

토닥여 주는 안위와 일용할 양식으로

가슴을 채우고 또 채운다

소^{沼}

둘 곳 없는 시선으로
올려다본 하늘엔 이슬이 맺혀 있다

뜨겁던 사랑 고이 숨겨둔 그곳

사뭇 그립던 마음은 하얀 폭포에 몸을 맡기고
시간의 그네를 탄다

밀어낸 바람의 자리에
내려앉은 하얀 그리움은 말이 없다

흘려 내렸던 그곳에 기억을 잃은 짧은 시간이 멈추었다

당신 향한 사무치던 마음을 물거품에 묻었다

하늘로 이어진 그 길에
실타래처럼 기억도 흘러간다
뼈까지 드러낸 허망도
그렇게 떨어진다

설경

단 하나의 속삭임도 용납하지 못하는 바람이
모질게도 불어대던 밤

세상을 바꾸었다
세상을 다시 그렸다

지난 계절 내내 지켜왔던 자리를
슬그머니 내어 주었다

눈발은 내일을 기약하지 않는다

새롭게 바뀐 세상을
햇살이 반가이 맞을 뿐이다

설화雪華

잃어버린 시간만큼 창공을 덮었다

삭혀버린 흰 사연
멀어진 그리움으로 얼음 장미를 피웠다

사랑아
차가운 시선에 머물다 그리 갈 수 없진 않니

젊은 피가로의 연정처럼
피의 뜨거움으로 사랑을 익히리라

지울 수 없었던 기억의 꾸러미들

한껏 풀어 헤쳤다

동면의 시간을 깨우고 열었던 가슴으로
다시금 안는다

동토의 기억

당신이 가시던 그날처럼
몰아치는 바람이 매정하기만 하다

뒹굴던 그리움을 주워
한개 두개 포개본다

차가운 기억과 또렷한 추억
가슴에 묻어야 할 이야기가
그리도 많았던지

널브러진 그리움 사이로 겨울이 동트고
작아진 기억은 추위를 탄다

이슬로 내려진 서늘한 기운에
몸 비트는 햇살의 언저리가
고향 빛처럼 참 따스하다

어제의 그 시간처럼
당신이 그립다

우리도 사랑은 했을까

길이 아닌 길에서 만났던가

얼음장 같은 피를 뿜으며 지탱했던 시간
그래도 돌고 돌았다

구석진 길 위에서 발효된 사랑은
일그러진 냉기가 돌았다

심장 한구석 방황의 회전이 시작되었고
버려질 기억을 차곡차곡 품어내었다

빛바랜 청춘의 소야곡도 짙어질 만큼 익었다

 공유했던 그 시간 속 줄달음은 시계초침 만큼이나
분주했다

 바삐 돌아다본 시간 돌아보니 미지근하다

 과연 우리도 사랑은 했을까

〈
숨이 쉬어지지 않는 그리움을 지녔지만
그 그리움의 끝에서 반환점만 맴돈다

눈물의 연서
−위안부 할머니 뵌 후

눌러 붙은 등짝을 이길 수 없다

가만히 손끝에 힘을 주어보지만
그 느낌 또한 내 것이 아니다

간혹 바람이 안부를 물어오지만 잊는 게 일쑤다

거친 창을 밀고 들어오는 바람은
무자비하게 흔들어 놓고
젊은 날의 푸른 시간은 아픔뿐이다

꽃향기 실어오는 날엔 행복 했었지
붉은 장미가 만발했겠지

보고 싶다
젊은 날의 그날은 다시 오지 않겠지만
뜨거운 심장이 울음을 멈추지 않는
그날을 돌려주고 싶다

물의 기억

그 바람이 깨워주는 물결 위로 지금이 내려앉았다

머리카락을 비집는 바람에 정리되는
혼돈의 그날을 건져 주며
수면 위로 등진 고독마저 홀로 두었다

물결을 잡은 수양버들은 일생의 양식을 얻었다

그립다 못해 아려오는 현기증으로 연신 돌아보며
깊은 수면 속 앙갚음 같은 질긴 사연이 부상하는 날
퇴색된 그리움은 생채기가 되었다

물의 저녁은 계절이 흘렀음에도
참신한 붉은 햇살을 받아들였다

멀리 생동하는 물길 위로
그때의 그 바람이 불었다

물갈퀴에 갈라지는 물살에 베일지라도
버려지면 얻어지는 그리움을 세어본다

비녀머리 소녀

반세기 전 일이건만 밤하늘 유성처럼 선명하다

생채기가 되어 별을 헤인지가 몇 해던가
역류성 슬픔의 기억 속에서 헤매기를 수차례

격변기 혼돈의 시대가 꺾어버린 꿈 대신
거만한 고통의 무게는 보란 듯 현실 앞에 앉아 있다

울분을 참아온 세상
차디찬 기운이 토담집 담벼락에 머뭇거리면
가슴을 헤치고 파고들던 아이

어미의 홑치마 이불 삼아 쪽잠을 청해보지만
북풍한설의 방에 다시금 부엌에서 불을 지핀다

슬픔의 강을 건너는 시간 생을 찢어놓은 격변의 바람이
문풍지를 흔들듯 두려움이 내려앉는다

〈
뼈를 가르는 기억을 짊어진 소녀는
하얀 비녀 머리를 하고 허공에 외친다

"일본이 사과하더냐?"

임진강 도하 渡河

  너울을 타고 내려온 북의 정기는 상념을 섞어 남으로만 흐른다
  가시 철책을 넘은 기氣들이 바람을 휘몰아 바위를 때리는 아픔을 견디고 헤아리지 못한 아픔은 간절한 거품으로 자갈을 뱉으며 천만 볼트를 타고 흐르는 분단의 고통이 되었다

  늑골을 녹여 모아든 것을 보내고 암담한 물결은 또 흐른다
  얇은 세월에 농이 서린 바람은 지평선을 부여잡고 울먹이며 그리운 마음 구름에 얹어 그렇게 또 보냈다

  허공을 찢어내려도 슬픈 메아리는 답이 없고
  누그러질 줄 모르는 혈관 속 통증은 바람이 품어 주었다

  뜨거움에 먹먹한 가슴으로 혀끝에 물고 있던 아픔까지 가닥으로 엮은 이산의 한을 겹으로 휘감아 친다
  분단의 아픔이 희망이 되는 그날까지

〈
천만 형제의 소원이 이루어지기를
뜨거운 두 손에 힘이 들어간다

쉼표 없는 마침표는 있더라

 싸리 울타리에 꽃망울 열리고 아버지는 빗자루를 잡았다
 트이는 꽃잎만큼 아버지의 웃음도 커져만 갔다
 짓궂은 소낙비에 등을 내어 주고 한낮 뙤약볕에 고단해도 매미소리에 단잠을 깼어도 아버지의 오후는 느긋했었다

 남은 한 잎까지도 다 떨구는 가을이 되었어도 아버지의 시간은 황홀 속 황혼이었다
 동토의 계절은 아버지를 품어 버렸다
 많은 기억을 눈동자에 담고 가슴에 품으며 세상 소풍을 내리셨다

 봄 장미 피면 발자국소리 굵어지고 매미소리에 소나기 오면
 축축한 아버지의 어깨가 생각날 텐데, 아버지의 흔적은 쉼표로 정렬되고 걸음을 멈춘 시간이 되었다

〈
　쉼표가 없는 그 길 위에 아버지의 털털한 웃음과 인자했던 모습이 어린다
　벌써 그리워진다, 아버지

회자의 시간

동화되지 않은 그리움은
밀알의 추억으로 회자된 후 희석된다

건져지는 추억과 버려지는 후회로
시간은 교차되고
묵묵히 다져진 연륜으로 품어 온
자연 속의 자아를 발견한다

수면 위 은근한 기다림으로 떠오른 과거는
지웠던 자신을 또렷이 그려내고
발밑의 잔재를 도려낸다

사계절이 흐르고 또 다른 계절이 내려도
원점으로 회귀된 자신은
묵묵함을 허용할 뿐이다

창공에 흩어지는 바람과 함께 고목이 되고
흘러가는 것이 유독 시간만 있을까

〈
스쳐진 바람결에 내어놓은 욕심은
윤슬로 사라져 거대한 바위에 소멸되고
소망했던 것들은 연무로 녹아들었다

촛불

깊게 바람이 드나든다
온몸에 비틀어진 기억의 덩어리가 흩어진다

꽃 매무새가 솟아올라도 잡을 수 없다
화려함을 불꽃에 숨겨도 드러나는 환상

찾아가던 기억이 방황의 늪에서 헤매던 시간에
덫에 걸린 바람처럼 하루를 찾고 있다

품위를 잃지 않는 범주는
우주의 기운으로 빚은 찰나를 검은 심지에 묻고
버리고 씻기를 거듭하기 위해 터진 불꽃은
품었던 야망을 모조리 태운다

나를 버린다

■□ 해설

시인의 내면을 찾아가는 바람길에서

문정영(시인)

　시인의 마음에 오랫동안 쌓여 있는 언의의 향을 찾아가 본다. 그 언어들은 시인의 살아 있는 생각들이다. 이번 손정애 시집을 통하여 시인을 '바람의 시인'이라 명명하고 싶다. '바람'은 공기의 이동이기도 하지만 소원을 말하기도 한다. 시인은 늘 마음 안에 담고 있는 '행복'이나 '그리움'으로 향한 길을 '바람'을 통하여 들여다보고 있다. 그 길을 차근차근히 찾아가보는 것이 이 글의 목적이다.

　시인은 2014년 등단 이후 다섯 권의 사진첩과 다섯 번의 시 사진 콜라보 전시회를 가졌다. 그만큼 시를 향한 걸음은 찬찬히 그리고 느렸을 것이다. 그것은 새로운 길을 걷는 조심스러움이 있었기 때문이다. 하지만 이번 시집 발간을 통하여 손정애 시인의 깊은 시어의 향기가 풍겨날 것이라 믿는다.

"어제와 또 다른 오늘을 예찬하며 으뜸의 시간을 즐긴다／ 길고 긴 외로움은 자신을 사랑하게 하고 심해 속 고요를 전해준다"고 시인은 말한다. 이 문장 속에 시인의 삶의 방향이 잘 드러나 있다. '으뜸의 시간'을 즐기고 '길고 긴 외로움'의 끝에 서 있는 심경을 잘 표출한 것이다.

이제 시인이 추구하는 세계를 들여다보기로 하자. 그 마음결을 따라가면서 시인이 '바람'을 어찌 펼쳐 가는지를 함께 느껴보자.

1. 들어가면서

우선 이 시집에서 시인의 마음이 가장 드러나 있는 「바람이 전하는 말」을 통하여 시인을 '바람의 시인'으로 명명한 이유를 찾아보자.

   부드러운 햇살로
   당신의 마음을 장악하고
   고리를 엮고 싶었다
   뒤틀린 심장은

거부당한 시간을 억누르고

편집된 나를

죽이고 또 죽였다

바람이고 싶었다

그 곳에서 당신을 기다렸다

구름 뒤 빛나는 햇살처럼

순수한 영혼으로

바람처럼 만나고 싶었다

―「바람이 전하는 말」 전문

  우선 이 시에서 주목하고 싶은 것은 "편집된 나를/ 죽이고 또 죽였다"는 강한 시인의 어조이다. 처음 그대로가 아니라 이미 손을 거쳐 재구성된 나를 죽이고 죽여야만 나는 가장 순수한 본성을 갖게 된다. 그 후에 시인은 '바람'이고 싶은 것이다. 바람은 어떤 억지스러움을 가지고 있지 않다. 자연 그대로의 "순수한 영혼"과 맞물려 있다. 이런 처음 가진 본성으로 '당신'을 만나고 싶은 것이다. 여기서 '당신'은 사랑하는 사람일 수도 있으나 절대적인 존재(神)도 될 수 있고, 또는 시인이 추구하는 '내면의 의지', '삶의 보람'일 수도 있다. 이런 다양한 의미를 가진 이 시를 통하여 독자는 시인의 시적 방향성을 조금은 알 수 있게 될 것이다.

  시인의 삶의 철학과 思考는 바람 안에서 이루어진다. 자유롭게 흘러가면서 순수하게 살고 싶은 시인의 이상은 바람과 잘 연결된다. 그리하여 시인은 흘러가는 시간과는 상관없이 "부드러운 햇살"과 "바람의 자리"를 내면에 갖게 된다. 그래서 시인을 '바람의 시인'으로 명명하여도 부족함이 없다는 것이다.

2. 시인의 바람을 찾아서

  이번 시집에서 50-60번이나 나온 '바람'을 이야기하지 않고는 이 시집을 통과하기 어렵다. 이 시집의 표제작인 '바람이 전하는 말'을 통하여 시인은 무엇을 말하고 싶었을까. 어쩌면 우리의 삶을 통째로 흔드는 세찬 '바람'일 수 있으나 "바람에 실려 갈 때" "그때 그 바람이 전해 주"는 것은 시인이 가지고 있는 소망이기도 하다. 살아가면서 내가 추구하고 있는 '행복' '자유' '그리움'은 시인을 포함한 모든 사람들의 기본 욕구이며 원하는 것들이다. 특히 시를 쓰는 사람들에게는 그 방향이 평범하지 않다. "실핏줄 같은 뿌리로 담장을 지붕 삼아/ 사투하는 담쟁이들의 혈기를/ 연약하다고 모른 척하지 않는다" 그것은 시인의 삶과 직결되기 때문이다. 지난한 시 쓰기에서 나와 동

질감을 가진 존재들에게 유난히 더 마음이 쓰이는 것이다.

    심통 난 바람이 흔들려고 할 때마다
    귀 기울였던 내 행복은
    그저 꿈으로만 접할 것인지
    마음속의 마성이 지배하고 흡수하려고 할 때마다
    지키려는 몸부림은 곱절로 애절함을 뛰어넘는다
    인내한 기도에 용기의 갑옷으로 무장하고 앉으면
    마법 같은 이슬이 재우고 또 재운다
    다른 세상을 꿈꾸며
    내일을 도모해 보지만 이내 상념에 빠진다
    내 작은 영혼은
    일탈과 자유의 갈망이 더해진다
    담쟁이 혈관 같은 뿌리의 생존과
    검푸른 잎사귀의 사투 또한 내 것이 아닌 것을
    뜨거움이 발하는 시간
    실핏줄 같은 뿌리로 담장을 지붕 삼아
    사투하는 담쟁이들의 혈기를
    연약하다고 모른 척하지 않는다
    입속 말라가던 그리움의 조각이
    바람에 실려 갈 때면
    그때 그 바람이 전해 주겠지

— 「바람이 전하는 말」 전문

"입속 말라가던 그리움의 조각이/ 바람에 실려 갈 때면/ 그때 그 바람이 전해 주"는 것은 어쩌면 우리가 오래 전부터 가꾸어왔던 사랑일 것이며, 미래이며 꿈일 것이다. 그렇게 '바람이 전하는 말'을 듣다보면 '물의 기억'이 떠오른다. "그립다 못해 아려오는 현기증으로 연신 돌아보며/ 깊은 수면 속 앙갚음 같은 질긴 사연이 부상하는 날/ 퇴색된 그리움은 생채기가 되었"던 기억들이다.

 우리는 결국 지나간 것들이 남겨놓은 상처와 그리움을 상기하면서 산다. 바람이 물결 위에 남긴 것들을 통하여 시인은 "퇴색된 그리움"을 찾는다. 그것은 시인의 체험이 잘 녹아든 이 한 편의 시에서 은유된다. 그리하여 시인은 "물결을 잡은 수양버들은 일생의 양식을 얻었다"는 아름다운 시구를 끌어낸다. 사랑은 상처를 남긴 후 끝난다. 끝나고 나서도 오래도록 그리움으로 남는다. 물결을 잡은 수양버들이 일생의 양식을 얻듯, 우리는 일생의 양식으로 "그리움을 세"는지 모르겠다.

  그 바람이 깨워주는 물결 위로 지금이 내려앉았다

머리카락을 비집는 바람에 정리되는
혼돈의 그날을 건져 주며
수면 위로 등진 고독마저 홀로 두었다

물결을 잡은 수양버들은 일생의 양식을 얻었다

그립다 못해 아려오는 현기증으로 연신 돌아보며
깊은 수면 속 앙갚음 같은 질긴 사연이 부상하는 날
퇴색된 그리움은 생채기가 되었다

물의 저녁은 계절이 흘렀음에도
참신한 붉은 햇살을 받아들였다

멀리 생동하는 물길 위로
그때의 그 바람이 불었다

물갈퀴에 갈라지는 물살에 베일지라도
버려지면 얻어지는 그리움을 세어본다

- 「물의 기억」 전문

'물의 기억' 속에 내재된 "버려지면 얻어지는 그리움"은

"돌아온 기억이 현재를 부른다"(「천년의 터」)는 간절함으로 이어진다. 시인의 의식 속에 늘 살아 있는 기억을 찾아가는 것은 바람결에서 느끼는 향기로움과 같다. 그 그리움을 찾아가 보자.

3. 그리움의 시린 사랑들

그리움은 인간이 생존하는 동안 늘 머리카락처럼 삶에 붙어서 자란다. 그 그리움을 시인은 "새빨갛게 덧 씌워진 언어의 입술/ 피멍으로 덮여진 가시 넝쿨"이라고 말한다. 늘 향기로운 냄새를 풍기는 것이 아니라 이별의 결실 같은 것이기도 하고 아쉬운 기다림 같은 것이다. 그리하여 "세월 뒤에 숨은 흔적에 희망이 묻혀 온다"고 시인은 말한다.

    새빨갛게 덧 씌워진 언어의 입술
    피멍으로 덮여진 가시 넝쿨

    시린 사랑을 묻어야만 하는 잔인한 계절에 다시는 볼 수도 없는
    하늘길이 되어버린 꽃잎들

    세월 뒤에 숨은 흔적에 희망이 묻혀 온다

무궁화 꽃잎이 날아가는 하늘은 아픈 슬픔을 기억하는지
　　거두고 남은 비를 하염없이 지상으로 비우고 또 비운다

　　비를 안은 바람이 몸을 비틀며 후려치고
　　하늘을 메운 무궁화 꽃잎 가루들은 저리는 빗줄기를 소리 없이 안아주고 그리움에 울먹이지 못할 가슴으로 한없이 빗줄기만
　　퍼붓고 또 퍼 붓는다

　　님이여!
　　입을 잃은 5월을 탓하지 마소서

　　─「5월의 무궁화」부분

그리움의 결실은 '사랑'이기도 하고 '이별'의 아쉬움이기도 하다. 그래서 그리움은 보고 싶은 마음을 갖는다. 시인이 바람을 통하여 얻어내고자 하는 것도 먼빛으로 오는 그리움의 향기이다. 그 향기는 어머니의 사랑을 담은 꽃 이름으로 유래하는 '구절초'를 통하여 그리움으로 바뀐

다. 아무리 보고 싶어도 이제는 만날 수 없는 어머니는 영원한 그리움의 대상이다.

>   햇살의 등고선을 타고 누운 날
>   기다림의 발자국 소리가 해안을 깨운다
>
>   지난 숨결의 흐트러짐을 정결하게 한 후
>   가슴 가득 품어 안는다
>
>   따스하다
>
>   당신의 온기로 채워진 그리움은
>   여러 가닥의 기억을 동여맨다
>
>   굳이 찾지 않아도
>   기억하지 않아도
>   오늘
>   추억은 쇠사슬처럼
>   또 묶여 있다
>
>   하얗게 내린 당신의 온기가 대지를 덮는다
>   스스로 다가온 행복이 눈에 고인다

타는 가을에 그리운 당신을 만나고 싶다

　　-「그 사랑, 구절초」 전문

"추억의 쇠사슬"로 묶여 있는 당신은 사랑하는 사람이다. 연인일 수도 있으나 이 시에서는 어머니이다. 어머니는 시인에게 아련한 존재이면서 그리움이 "여러 가닥의 기억"으로 동여매어져 있다. "한 번 들렀던 것일까// 걸음마다 기억 더미가 열리며/ 지워버렸던 일에 현기증이 난다// 부서지는 그리움에 더해지는 청각들// 엊그제처럼 당신에 대한 후각까지 자극된다// 한참을 둘러본 주변의 꽃잎들/ 그 길에서의 기약들// 지금은 낯선 안개만 가득하다"(「그 길」전문) 이 시에서 시인이 찾아가는 '그 길'도 결국 그리움을 향해 걸어가는 길이다.

시인은 그리움이나 바람이 가는 길에 대하여 특정하지 않는다. 이 시를 읽은 독자들이 자신만의 길을 찾아서 갈 수 있도록 대상을 확정하지 않은 것이다. 그리운 사람이 연인이든 어머니이든 친구이든 마음에서 나오는 향기는 같기 때문이다.

4. 나가면서

시인이 가고 싶은 길은 과거에 매여 있지 않다. 그래서 그리움으로 이어가는 이별도 결코 슬픔이 아니다. 바람에 훨훨 날려 보내고 싶은 것들이다.

> 빨랫줄처럼 탱탱한 지평선을
> 외줄 타듯 걷게 한
> 이별이었던가
>
> 간간이 울어주는 뻐꾸기 소리가
> 나락으로 떨어지는 날이었던가
>
> 우물 속 물 한 방울 소리가 그리운 날
>
> 가슴 한구석 드러내고
> 돌아섰던 그 자리에
> 서러움이 머물더라
>
> 해가 내려왔던 그 길이 짧아졌던가
>
> 오늘이 가고 내일이 와도
> 이별 없는 길에서
> 또 이별하고 있더라

―「어떤 이별」 전문

 "오늘이 가고 내일이 와도/ 이별 없는 길에서/ 또 이별하고 있"는 우리의 모습은 결코 이별이 서러운 것은 아니다, 라고 말한다. 살면서 끊임없이 이별하면서 우리는 견디고 있기 때문에, 한 번의 이별에 좌절하며 살 수 있는 것은 아니다. 우리가 살아가는 동안 얼마나 많은 인연과 인연의 끝을 맛보는가?

> 몸부림이 끝나고 기억이 쇠퇴하는 날
> 내 분홍 꽃잎도 사라지고 그 씨앗주
> 그립던 사랑의 기억으로 남아 있겠지요
>
> 떠난 가슴에 아린 그리움을 채운다 해도
> 메아리 없는 시선과 서늘함이 드리운 아침에 피는 꽃잎들
> 그래도 당신이 있어 이 버거움 견딜 수 있었다고……

―「나팔꽃 당신」 부분

시인은 그리움과 이별 여행에서 사라져가는 "기억이 쇠퇴하는 날" "그립던 사랑"으로 남는 것들을 노래하고 싶고, "그래도 당신이 있어 이 버거움 견딜 수 있"다면 그것이 바람으로 떠돌고 흩어 진다해도 이 생의 기억들을 환하게 간직하고 싶어 한다.

그래서 이 시집 한 권은 손정애 시인의 삶에서 하나의 이정표이며 부르고 싶은 노래인 것이다. 그 노래가 독자에게 가슴 절절하게 전해졌으면 한다. 마지막으로 생각나는 이 시 한 편 속에 시인의 삶의 철학이 그리고 남은 생애의 길이 생명 깊이 담겨져 있음을 말하고 싶다. 곰곰이 여러 번 읽을수록 우러나오는 삶의 진정한 의미를 되새겨 보기를 바란다.

> 흔들리고 싶지 않은 나무는
> 뿌리에 힘을 준다
> 축축한 가슴에 머문
> 입김 자리가 매섭다
> 뿌리 깊은 생각은
> 희미한 삶의 허구에 갈증을 느낀다
> 새들은 모든 감성을 지우고
> 풍화된 나를 찾는다
> 숲이 바람을 입는다

그리움이 있기에

나무는 꽃을 피우고

절정을 부른다

숲이 짙어지면

보고 싶은 이도 짙어 보인다

- 「그 숲에 가면」 전문